SARA CLEMENCE

ACHTSAM REISEN

KABELLOS GLÜCKLICH
ODER
WIE DEIN URLAUB ZUR ECHTEN
AUSZEIT WIRD

ILLUSTRATIONEN VON CHRIS SANTONE

AUS DEM ENGLISCHEN ÜBERSETZT VON SAMRA KOVACEVIC UND GABI SCOLIK

INHALT

EINLEITUNG

Dieses Buch handelt nicht davon, wohin die Reise gehen soll.

Es wird dir nicht bei der Suche nach Ferienorten oder bei der Wahl der besten Ziplining-Touren helfen. Es gibt bereits viele Reiseführer, Websites und Apps, die dich bei diesen Entscheidungen unterstützen – wahrscheinlich zu viele. Und genau das ist Teil des Problems.

Wir leben in einer Zeit, in der wir mit Informationen überflutet werden. Auf alle Fragen kann (mit unterschiedlicher Zuverlässigkeit) in Sekundenschnelle eine Antwort gefunden werden. Fotos anzusehen und zu »liken«, die auf der anderen Seite der Welt entstanden sind, dauert genauso lange, wie den Auslöser zu betätigen. Wir können jederzeit und aus allen Erdteilen Nachrichten empfangen oder mit unseren Freunden am anderen Ende der Welt plaudern – von Videoangesicht zu Videoangesicht! –, wann immer uns danach ist. Die Technik bringt den Segen mit sich, dass wir ständig miteinander verbunden sind. Aber in dieser ständigen Verfügbarkeit liegt auch ihr Fluch.

Der Durchschnittsmensch blickt ungefähr 50 Mal am Tag auf sein Handy (und wenn du dieses Buch liest, dann tust du das vermutlich sogar noch öfter). Und er hört auch nicht auf damit, wenn er unterwegs ist. Wir nehmen nicht nur unsere Arbeit mit auf Reisen, sondern auch unsere Gewohnheiten. Nachrichten checken, YouTube-Videos durchstöbern, Selfies knipsen, um sie auf Facebook zu teilen – all das reist mit. Frage andere danach, warum sie irgendwo hinfahren. Sie werden wohl kaum ehrlich zugeben, dass sie eine fremde Kultur oberflächlich erkunden und Fotos vor allem deshalb schießen, um sie dann auf Facebook zu teilen. Genau das ist jedoch oft der Fall.

Im Unterschied zu fast allen anderen Reisebüchern geht es bei diesem nicht darum, wohin die Reise führen soll, sondern wie du sie gestaltest. Diesen Denkansatz nenne ich »Achtsames Reisen«, man könnte ihn aber auch als langsames, authentisches oder faires Reisen bezeichnen. Es geht darum, eine Verbindung zu seiner Umgebung statt mit dem Internet herzustellen und den Moment zu genießen, statt eine Liste an Sehenswürdigkeiten abzuarbeiten.

Dieses Buch ist als Gegenmittel gegen die aktuelle Ich-Bezogenheit und Entfremdung gedacht. Es soll dir helfen, deine Reisen zu entdigitalisieren und analoge Lebensfreuden wiederzuentdecken – wie Menschen begegnen oder Bleistifte und altmodische Landkarten nutzen. Es lässt sich auf jedes Reiseziel und jedes Budget anwenden und ist wie eine Reise angelegt – beginnend bei der Planung bis zur Heimkehr. Du kannst dieses Buch von vorne bis hinten durchlesen, bestimmte Kapitel zur Inspiration zu Rate ziehen oder nur einzelne Seiten daraus. Egal, ob du einen Campingausflug in die Berge oder eine kulinarische Entdeckungsreise nach Italien planst, du wirst etwas Nützliches finden.

Reisen soll sowohl deinen Horizont als auch dein Herz erweitern. Es ist ein Weg, um mit dir selbst in Kontakt zu treten, um zu lernen, wer du bist – losgelöst von deinen Freunden, deinen Habseligkeiten und deinem Job. Unterwegs wirst du nicht nur eine bezaubernde kleine Stadt oder ein großartiges Restaurant entdecken, sondern auch etwas über deine Stärken, dein Temperament, deinen Mut und deine Neugier erfahren.

Ein achtsamer Reisender zu sein, hilft nicht nur dir. Es wird einen rücksichtsvolleren und respektvolleren Gast aus dir machen, der aufmerksam gegenüber neuen Bekanntschaften und Orten ist. Du wirst sowohl etwas mitnehmen als auch etwas dort lassen. Es wird, so hoffe ich, keinen Touristen, sondern einen Reisenden aus dir machen.

KAPITEL EINS

DIE REISEPLANUNG

WAS WILLST DU WIRKLICH?

Das mag zwar wie der Beginn einer Yogastunde klingen, ist aber der wichtigste Teil der Reiseplanung. Du solltest dieser Frage genügend Raum widmen, so wie du dir auch die Zeit nimmst, um deine Flüge zu buchen.

Es geht um die Ziele deiner Reise. Dabei handelt es sich weniger um konkrete Vorhaben, (zum Beispiel: ich möchte den Kilimanjaro besteigen), sondern vielmehr um andere, übergeordnete Ziele (ich will bis an meine körperlichen Grenzen gehen). Während der Reise wirst du abwägen, ob das, was du tust, auch das ist, was du wirklich willst.

Deine Ziele sollten einfach und klar sein: Ich möchte ungesunde Gewohnheiten loswerden. Ich will in eine fremde Kultur eintauchen. Ich möchte meine Komfortzone verlassen.

Schreibe sie auf, um sie festzuhalten.

TAUCHE TIEF IN DIE KULTUR EIN

Erforsche deinen Zielort, noch bevor du dich auf den Weg dorthin machst – und das bedeutet nicht, das Internet nach Hotelbewertungen zu durchforsten. Beschäftige dich mit Geschichte, Architektur und regionaler Musik aus diesem Ort, informiere dich über kulinarische Besonderheiten, durchstöbere lokale Nachrichten und höre örtliche Radiosender. Sieh dich nach literarischen Werken einheimischer Autoren um. Wenn du dich im Vorfeld mit Kultur, Politik und Küche vertraut machst, wirst du dich schon bei deiner Ankunft (fast) wie ein Einheimischer fühlen.

WAGE DICH AN ORTE OHNE NETZ

Möchtest du aus dem digitalen Hamsterrad ausbrechen? Du musst dich dafür nicht auf irgendwelche Tricks oder deine Willenskraft verlassen. Auf der Welt gibt es ein paar Orte, an denen du keinen Empfang hast, egal, wie sehr du ihn dir wünscht.

DER GRAND CANYON

Er ist eines der beliebtesten (und atemberaubendsten) Touristenziele der USA – und bietet fast gar keinen Netzempfang.

GREEN BANK, WEST VIRIGINA

Funksignale sind in dieser Stadt, die eines der größten Radioteleskope der Welt beheimatet, verboten.

DIE WÜSTE GOBI, MONGOLEI

Das Netz hier ist so löchrig, dass Einheimische ihre Handys in die Luft werfen müssen, um genügend Empfang für das Versenden einer Nachricht zu haben.

AUSTRALIENS RED CENTRE

Im Herzen des Outbacks kannst du eine Verbindung zur Natur herstellen – nicht jedoch zu Facebook.

ALLEIN REISEN: JA ODER NEIN?

Eine beschauliche Reise mag greifbarer erscheinen, wenn man allein reist. Man muss aber kein Wandereremit sein, um sich achtsam fortzubewegen. Allein zu reisen hat seine Vor- und Nachteile.

PRO:

- Mehr Zeit zum Nachdenken
- Es ist einfacher, neue Freundschaften zu schließen
- Mehr Selbstständigkeit
- Vollkommene Unabhängigkeit
- Zwingt einen, die lokale Sprache zu sprechen
- Ein größeres Bewusstsein für deine Umgebung und andere Menschen

KONTRA:

- Einsamkeit
- Höhere Kosten
- Niemand, der dir bei Problemen hilft
- Keine Gruppe, die dir Sicherheit und Schutz bietet
- Niemand, mit dem du Erfahrungen und Erinnerungen teilen kannst
- Es ist wahrscheinlicher, dass du wieder auf dein Mobilgerät zurückgreifst, wenn du allein reist

VERMEIDE ES, DEINEN REISEPLAN ZU ÜBERFÜLLEN

Bei einer gelungenen Reise geht es nicht darum, dir die maximale Anzahl an Sehenswürdigkeiten, Aktivitäten, Reisezielen und Mahlzeiten aufzubürden. Die erfüllendsten Reisen lassen viel Freiraum zum Herumstreifen, Nachdenken, Beobachten von Leuten, für Nickerchen und für zufällige Entdeckungen. Mach einen groben Reiseplan, in dem du ein oder zwei Aktivitäten täglich festlegst – Mittagessen in einem bestimmten Restaurant, eine Wanderung, ein Museumsbesuch –, und überlasse den Rest dem Zufall und deiner Laune. Ein freier Nachmittag ist eine gute Sache und keine Fehlleistung, die korrigiert werden muss.

DENKE ÜBER DAS HOTEL HINAUS

Deine Einstellung zum Reisen ist viel wichtiger als deine Unterkunft. Dennoch wirst du eine Erfahrung, die in Erinnerung bleibt, eher in einem jahrhundertealten Bauernhaus machen als in einer typischen Hotelkette. Ziehe also auch ungewöhnliche Unterkünfte in Erwägung.

PRIVATUNTERKÜNFTE: Seit es Reisende gibt, gibt es Leute, die ihnen Unterkunft bieten. Moderne Technologien haben es jedoch einfacher denn je gemacht, jemandes Schlafzimmer, Apartment oder Haus zu mieten. Diese Quartiere können günstiger sein als Hotels – vor allem für Familien oder längere Aufenthalte – und bieten meist Privatsphäre, eine Küche und viel Freiraum. Aber vor allem geben sie dir einen Eindruck, wie es ist, an einem Ort zu leben, anstatt ihn nur zu besichtigen.

AGROTOURISMUS: Die Idee, Ferien in einem Gästehaus auf einem Bauernhof zu machen, entstand in Europa und ist vor allem in Italien sehr beliebt. Dort sind diese Unterkünfte als *agriturismi* bekannt und es gibt Tausende von ihnen. Sie sollen Gästen die Möglichkeit bieten, das ländliche Leben auszukosten – ohne Landarbeit verrichten zu müssen – und so die Bauern zu unterstützen. Mahlzeiten aus (sehr) lokalen Zutaten sind oftmals Teil des Gesamtpakets. In den USA gibt es ein ähnliches Konzept, das unter dem Namen *farm stays* bekannt ist. Auch in Neuseeland und Australien sowie in anderen Teilen Europas ist Agrotourismus weit verbreitet.

KLÖSTER: Du kannst im Vatikan übernachten – und nein, du musst dafür keinem religiösen Orden beitreten. In Europa bieten auch Klöster Schlafgelegenheiten an, oftmals in historischen Gebäuden. Die Zimmerausstattung reicht von spartanisch mit Gemeinschaftstoiletten bis hin zu komfortabel mit privaten Bädern. Manche Klöster sind für ihre hervorragende Kost bekannt (andere wiederum nicht). Sie sind jedoch nicht familienfreundlich und du könntest dich mit Regeln konfrontiert sehen, die Kleiderordnung, Ausgangssperre und sogar das Sprechen betreffen. Diese Unterkünfte sind oft günstig, akzeptieren aber meist keine Kreditkarten.

KAPITEL ZWEI

ALLES VORBEREITEN UND PACKEN

KAUFE (UND LIES)
DEN EINEN ODER ANDEREN REISEFÜHRER

Reiseführer in Buchform sind noch lange nicht überholt. Sie bieten zahlreiche Vorteile gegenüber digitalen Quellen, beginnend bei der Qualität: Gute analoge Reiseführer basieren auf Berichten und Expertenrecherchen und vereinen alle nützlichen Informationen, von der Geschichte des Zielortes bis zu den besten Hotels und Restaurants, in kompakter Form. Sie erfordern weder ein Ladegerät noch eine Internetverbindung, sie können als Aufbewahrungsort für Bahntickets und Liebesbriefe dienen, und man kann sie an andere Reisende weitergeben. Ein Reiseführer mag zwar schwerer sein als ein Handy, du kannst dir aber einen eigenen erstellen, indem du ausgewählte Ausschnitte zusammenheftest. Unterwegs kannst du nicht mehr gebrauchte Seiten entfernen und so das Gewicht verringern.

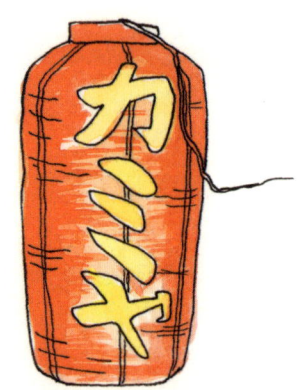

LERNE DIE SPRACHE (ZUMINDEST EIN BISSCHEN)

Sich vor Reiseantritt mit der Sprache des Reiseziels vertraut zu machen, zeugt nicht nur von Respekt. Es kann auch dazu beitragen, dich vor Ort wohler und sicherer zu fühlen, dir Wege zu ebnen und dir unangenehme Situationen zu erleichtern. Deine Bemühungen werden fast immer geschätzt werden und können dabei helfen, ein gutes Verhältnis zwischen dir und deinen Gastgebern zu entwickeln – vor allem wenn sie eine wenig verbreitete Sprache sprechen. Dies sind die wesentlichsten Wörter und Phrasen, die du lernen solltest (geordnet nach ihrer Wichtigkeit):

- Hallo.
- Auf Wiedersehen.
- Bitte.
- Danke.
- Entschuldigung.
- Ja und nein.
- Englisch?/Deutsch?
- Ich heiße _____.
- Wie viel?
- Toilette?
- Hilfe!
- Ich habe mich verlaufen.
- Prost!

KAUFE DIR EIN REISETAGEBUCH

Ein Tagebuch kann viel mehr als ein bloßes Protokoll deiner Reise sein. Im Gegensatz zu kurzen, prahlerischen Facebook-Postings kannst du in einem Tagebuch deine Erfahrungen verarbeiten sowie deine privaten Gedanken und Gefühle festhalten. Und du kannst darin für künftige Reisen nachschlagen. Denk aber daran: Du musst weder viel schreiben noch großartige Literatur produzieren.

Wenn du ein Tagebuch auswählst, vermeide solche, die zu wertvoll oder teuer sind, um sie in einem Rucksack zu transportieren oder etwas Kaffee darauf zu verschütten – verzichte also auf Goldschnitt oder handgefertigte Ledereinbände. Aber wähle auch kein zu günstiges Notizbuch, da ein solches die Reise wahrscheinlich nicht überstehen wird. Entscheide dich für ein gebundenes Tagebuch, das leicht und kompakt ist und trotzdem genügend Platz für komfortables Schreiben und Skizzieren bietet.

21

FINDE DEN GOLDENEN MITTELWEG BEIM PACKEN

Zuviel Gepäck kann dich stark einschränken. Wenn du zu viel einpackst, endest du ewig wartend in der Gepäckausgabe oder du verpasst deinen Zug, weil du deinen schweren Koffer eine hohe Treppe hochhieven musst. Außerdem verursacht schweres Gepäck Schmerzen in Nacken, Rücken und Schultern. Zu wenig einzupacken, kann aber ebenfalls eine Stressquelle sein. Wer will schon seine Reise unterbrechen, um eine Jacke oder ein Deodorant zu besorgen?

Das Ziel sollte sein, nur das mitzunehmen, was du wirklich brauchst, und nicht mehr. Hier ein paar Tipps:

- Packe nur Dinge ein, die du auch wirklich brauchst. Die Ausnahme ist ein Badeanzug: Er kann sich oft als nützlich erweisen und nimmt kaum Platz weg.
- Lasse deine Jeans zu Hause. Sie sind sperrig und brauchen ewig, um zu trocknen.
- Denke in Schichten. Nimm anstelle eines dicken Pullis eine dünne Jacke, eine Weste und ein langärmeliges Shirt mit, die separat oder zusammen getragen werden können.
- Nimm Sneaker mit, die elegant genug sind, um sie zu einem Dinner zu tragen.
- Wähle eine simple Farbpalette, damit alles zusammenpasst.
- Packe einen großen Schal ein (auch Männer). Dieser kann zu einem Sarong, einer Picknickdecke, einem Halstuch oder sogar zu einem Beutel umfunktioniert werden.
- Investiere in Kleidung, die fürs Reisen entworfen wurde: leicht, vielseitig und leicht zu waschen.
- Lasse den Haartrockner und den elektrischen Rasierer zu Hause.
- Besorge dir einen kleineren Koffer. Du wirst automatisch nur den Raum ausfüllen, der dir zur Verfügung steht.
- Kaufe eine Daunenjacke, die sich stark zusammendrücken lässt.
- Probiere Kompressionsbeutel aus.

MACHE AUSDRUCKE

Hast du alle relevanten Informationen auf deinem Handy, bist du darauf angewiesen: Du musst es immer bei dir haben, die Batterie muss aufgeladen sein und oftmals brauchst du eine Internetverbindung. Befreie dich davon, indem du dir die folgenden Dokumente ausdruckst und mitnimmst:

- Kopie deines Reisepasses und/oder Führerscheins und, wenn nötig, deines Visums
- Liste mit Notfallkontakten, sowohl vor Ort als auch zu Hause
- Telefonnummern deiner Kreditinstitute und Banken (jedoch keine Kontonummern, die von einem Schnüffler oder Dieb missbraucht werden könnten)
- Tickets und Reservierungsbestätigungen
- Rezepte für wichtige Medikamente und Brillen und/oder Kontaktlinsen
- Nachweis deiner Reiseversicherung
- Wenn du das Land verlässt: Adressen und Telefonnummern der Botschaft oder des Konsulats deines Landes
- Zusätzlich können auch Kontaktinformationen eines deutschsprachigen Arztes oder einer Klinik in dem Land, das du besuchst, hilfreich sein.

SCHLIESSE DEINE PROJEKTE AB

Niemand will sich vor dem Urlaub noch mehr Arbeit aufladen. Aber es ist einfacher, wirklich abzuschalten, wenn alles erledigt ist. Erstelle zwei Wochen vor dem Abreisetermin eine Liste mit allem, was noch zu tun ist, vom Müll Rausbringen bis zum Fertigstellen einer Arbeitspräsentation. Priorisiere das, was unbedingt getan werden muss, und erachte alles andere auf der Liste als Fleißarbeit. Wenn du alles schaffst, ist das großartig. Wenn nicht, lass dich trotzdem nicht davon abbringen, befreit in den Urlaub zu starten.

SCHALTE AB

Auch wenn es wie ein Widerspruch klingen mag: Es ist ratsam, sich bereits ein paar Tage vor der Reise vom Alltagsstress zu befreien. Lies weniger Nachrichten. Verbringe weniger – oder noch besser gar keine – Zeit in sozialen Netzwerken. Ändere deine Mitteilungseinstellungen, damit du nicht jedes Mal mit Nachrichten bombardiert wirst, wenn dir jemand eine E-Mail schickt oder einen Post »liked«. Höre auf, mit deinem Handy neben dem Bett zu schlafen. Gewöhne dir gedankenloses Browsen ab. All das wird dir den Übergang zum achtsamen Reisen erleichtern.

KAPITEL DREI

DEN STECKER ZIEHEN

WARUM DIGITALES DETOXING GUT FÜR DICH IST

Moderne Technologien bringen viele positive Aspekte mit sich, aber auch viele negative. Wissenschaftler geben Handys, Tablets und anderen elektronischen Geräten die Schuld für alles Mögliche, vom »Tech Neck« – Verspannung und schlechte Haltung durch das Lümmeln vor dem Bildschirm – bis zu verminderter emotionaler Intelligenz. Das Licht, das von Bildschirmen ausgeht, beeinträchtigt die Produktion des Hormons Melatonin, das den Schlaf reguliert. Und

das Hochgefühl, das wir bei der Interaktion über soziale Netzwerke empfinden, kann unsere Ich-Bezogenheit fördern und unsere Aufmerksamkeitsspanne verkürzen. Außerdem bewegen wir uns durch den verstärkten Gebrauch von Elektronik weniger, was zu Gewichtszunahme führen kann.

Das Gegengift ist simpel: Ziehe den Stecker. Die heilsame Wirkung von digitalem Detoxing wurde bisher kaum erforscht. Praktische Erfahrungen zeigen aber, dass Menschen sich glücklicher und weniger ängstlich fühlen, dafür aber produktiver und körperlich aktiver sind und offener auf andere Menschen zugehen, wenn sie die Nutzung von Mobilgeräten verringern.

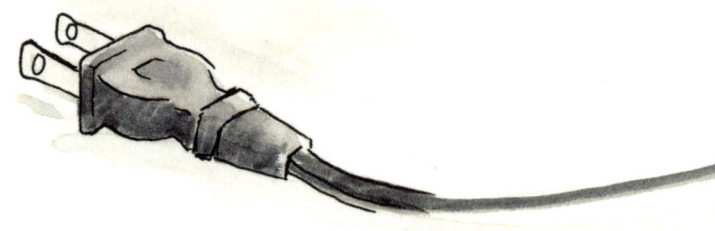

WIE WEIT WILLST DU DAS NETZ VERLASSEN?

Den Stecker zu ziehen, bedeutet nicht, dass man sich vollkommen von moderner Technik abschotten muss. Wähle auf dem Spektrum der digitalen Isolation einen Punkt, der für dich am geeignetsten ist. Lege deine Ziele schon vor der Reise fest, denn wenn du das Steckerziehen vom Zufall oder den Umständen abhängig machst, wird sich an deiner Handy-Nutzung vermutlich nicht viel ändern.

LASSE EIN WENIG LOS

Wenn du einen uneinsichtigen Chef hast, in Kontakt mit deiner Familie bleiben musst oder du einfach nicht bereit bist, im Dunkeln zu wandeln, kannst du den Einsatz digitaler Geräte immer noch herunterschrauben. Der Schlüssel ist, Auszeiten festzulegen, wie beispielsweise am Morgen, während den Mahlzeiten und am späten Abend.

NIMM DEN MITTELWEG

Versuche für ein paar Stunden – oder sogar Tage –, ohne deine elektronischen Geräte auszukommen. Lasse sie im Hotel, wenn du Essen gehst oder Sehenswürdigkeiten besuchst. Oder gönne dir festgelegte Nutzzeiten, wenn du dich damit wohler fühlst.

NABLE DICH KOMPLETT AB

Das ist radikal, wird aber belohnt. Lass den Laptop zu Hause und das Handy ausgeschaltet. Oder nimm es gar nicht erst mit. Hinterlege lediglich deinen Reiseplan bei jemandem zu Hause, damit man dich im Notfall kontaktieren kann.

SCHREIBE EINE EFFEKTIVE ABWESENHEITSNOTIZ

Deine Abwesenheitsnotiz kann einen riesigen Unterschied ausmachen: Sie verleiht dir die Freiheit, komplett abzuschalten. Andernfalls kann dich dein Chef auch am Strand erreichen.

Eine gelungene automatische Antwort macht zweierlei: Zum einen macht sie allen klar, dass du gerade nicht erreichbar bist, zum anderen bietet sie allen die Möglichkeit, Probleme selbst zu lösen, während du weg bist. Halte deine Nachricht kurz, professionell und nur so detailliert wie nötig.

Hier ist ein gutes Beispiel:

> Ich bin bis zum 30. Juni nicht im Büro und kann bis zu meiner Rückkehr keine Nachrichten beantworten. Falls Ihre Anfrage dringend ist, kontaktieren Sie bitte Max Mustermann unter maxmustermann12345@musterfirma.com.

Wenn du wirklich ernst machen willst, sag, dass du während deiner Abwesenheit keine Nachrichten lesen wirst und man dich erst nach deiner Rückkehr kontaktieren soll. Und meine es auch so.

Egal, wofür du dich entscheidest: Denke daran, die Nachricht ein paar Stunden, bevor du gehst, zu aktivieren. Das nimmt dir den Stress, während du dich um deine verbliebenen Aufgaben kümmerst, und erlaubt dir, die wirklich wichtigen Dinge noch zu beantworten.

TRAGE EINE ARMBANDUHR

Wie oft benutzt du dein Handy, um auf die Uhr zu blicken? Besorge dir lieber eine Armbanduhr. So wirst du nicht in Versuchung geführt (und zugleich kann die Uhr ein schickes Accessoire sein).

34

KEINE ANGST VOR JOMO

JOMO – Joy of Missing Out (»die Freude, etwas zu verpassen«) – ist viel besser als FOMO – Fear of Missing Out (»die Angst, etwas zu verpassen«). Bei JOMO geht es darum, sich bewusst davon zu verabschieden, immer auf dem Laufenden zu sein, eine echte zwischenmenschliche Beziehung statt nur virtuelle Anerkennung zu genießen und sich ganz auf sich selbst zu konzentrieren statt auf alle anderen (vor allem auf solche Leute, die du nur über ihre Instagramfeeds kennst).

Den Zustand des JOMO zu erreichen, ist nicht unbedingt einfach. Anfangs wirst du ein Unwohlsein zulassen müssen – und dann denke darüber nach, warum das Nicht-Checken von Statusmeldungen so schwierig ist. Mach dir klar, dass du nichts wirklich Bedeutendes verpasst, und sage Nein zum ständigen Kampf um Anerkennung und zum Wettbewerb.

TRICKS ZUR TECHNOLOGIEREDUZIERUNG

LASSE DEN FLUGZEUGMODUS EINGESCHALTET
Aktiviere ihn, bevor du abfliegst, und lass ihn nach dem Landen so lang wie möglich eingeschaltet.

LASSE DEINE BATTERIE LEER
Erwecke dein Handy nur in einer Notsituation wieder zum Leben.

VERWENDE TIMER
Es gibt Apps, die dein Handy für eine bestimmte Zeit sperren, Apps, die dich warnen, wenn du dein Handy zu lange benutzt hast, und Apps, die den Zugang zu anderen Apps limitieren. Benutze sie alle.

VERZICHTE AUF ROAMING
Die hohen Verbindungskosten erleichtern dir die Entscheidung.

LEGE FIXE NUTZUNGSZEITEN FEST
Es kann einfacher sein, den Stecker zu ziehen, wenn du weißt, dass du in ein paar Stunden ohne schlechtes Gewissen surfen kannst. Erlaube dir beispielsweise zweimal täglich 30 Minuten online. Achte nur darauf, dass es morgens nicht das Erste und nachts nicht das Letzte ist, was du tust.

SPIELE HANDY-ROULETTE
Während des Essens legen alle ihre Handys auf den Tisch. Wer als Erster sein Handy checkt, muss die Rechnung bezahlen.

BITTE DAS HOTEL, DEN FERNSEHER ZU ENTFERNEN

Das beseitigt die Gefahr, gedankenverloren zwischen Kanälen zu zappen. Wenn du dir deiner Willenskraft sicher bist, ziehe einfach den Stecker.

KAUFE DIR EIN TASTENHANDY

Sie sind smarter, als du denkst. Einfache Klapphandys sind günstig (so um die 20 Euro) und robust. So musst du dich nicht stressen, wenn du es verlierst oder fallen lässt. Da sie nur einfache Zwecke erfüllen – Anrufe und SMS –, lenken sie dich deutlich weniger ab.

Du findest sie in den meisten größeren Einzelhandelsläden und kannst sie über eine Wertkarte finanzieren, um keinen neuen Handy-Vertrag abschließen zu müssen. Es gibt zudem auch Handys, mit denen man lediglich telefonieren kann – aus alt mach neu.

KAPITEL VIER

DEN WEG FINDEN

BENUTZE EINE KARTE, KEINE APP

Landkarten aus Papier haben viele Vorteile gegenüber Routenplaner-Apps. Sie brauchen kein Signal und ihre Akkus sind nie leer. Auf Landkarten kannst du Telefonnummern notieren und deine Lieblingsplätze markieren. Sie können ein Andenken sein. Sie können Kunstwerke sein.

Klar, Google Maps kann dir die schnellste Route berechnen. Hier geht es aber ums Reisen, nicht ums Pendeln. Mit einer Karte unterwegs zu sein, verlangsamt die Dinge. Das zwingt dich, über die Zusammenhänge nachzudenken und dich auf deine Umgebung zu konzentrieren – auf Straßennamen, Kirchtürme und sogar den Himmel. Landkarten fördern Umwege und Entdeckungen. Am wichtigsten ist, dass sie dich – nicht dein Handy – für die Reise verantwortlich machen.

KARTENLESEN LEICHT GEMACHT

- Überprüfe die Ausrichtung der Karte. Norden ist normalerweise oben, aber nicht immer.
- Mache dir eine Vorstellung vom Maßstab. Ist 1 Zentimeter gleich 1 Meter oder 10 Kilometer?
- Finde heraus, wo du bist. Wenn du ratlos bist, nutze deine Position, die relativ zu zwei sichtbaren Landschaftspunkten sein sollte, damit du deinen Standpunkt in einem Dreieck einkreisen kannst.
- Wenn du in einem Fahrzeug unterwegs bist, solltest du auf den Kilometerzähler achten, damit du weißt, wie weit du gefahren bist.
- Mache dir ein Bild von der Landschaft. Wenn die welligen topographischen Linien weiter auseinanderliegen, dann ist es flacher. Wenn sie näher beieinanderliegen, ist es bergiger.
- Übe. Es dauert eine Weile, bis man aufhört, einen blauen wandernden Punkt auf der Karte zu erwarten.

TRAGE EINEN KOMPASS MIT DIR

Wenn du gerne wanderst, wirst du verstehen, warum das eine gute Idee ist.
Aber auch in der Stadt hat ein Kompass praktischen Nutzen. Er kann dir bei
der Orientierung helfen, wenn du die Sonne nicht sehen kannst. Aus einer
U-Bahnstation in einer Großstadt wie New York City auszusteigen, verwirrt
sogar manch Einheimischen, aber ein kurzer Blick auf den Kompass sagt dir,
welchen Weg du auf dem Kartennetz einschlagen musst. Du kannst ihn sogar
im Taxi benutzen, um sicherzustellen, dass du in die richtige Richtung fährst.

Um einen Kompass richtig zu benutzen, musst du ihn möglichst waagrecht
auf der Handfläche halten, damit die Nadel sich frei bewegen kann. Dreh ihn
so, dass die Nadel mit dem auf dem Ziffernblatt eingezeichneten Norden über-
einstimmt. Möchtest du in eine bestimmte Richtung gehen, musst du einen
Punkt finden, der auf halbem Weg zum Ziel liegt – zum Beispiel ein großes
Gebäude –, und ihm entgegengehen.

FRAGE NACH DER RICHTUNG

Okay, ja, es klingt vielleicht wie ein Kinderspiel. Kaum jemand fragt heutzutage aber noch nach dem Weg, weshalb du hier einen Leitfaden dazu findest.

- Wenn möglich, mache bei einem Souvenirgeschäft oder einer Tankstelle Halt. Die Leute dort sind es gewohnt, Wegbeschreibungen zu geben.
- Achte darauf, wie selbstsicher die Auskunftsperson klingt. Wenn sie zögert und sich selbst korrigiert, kennt sie die Gegend womöglich nicht so gut. Bedanke dich höflich und frage dann jemand anderen.
- Wenn möglich, notiere dir die Wegbeschreibung, denn sogar die einfachsten Anweisungen kann man durcheinanderbringen. Egal ob du sie notierst oder nicht: Bitte die Auskunftsperson, sie zu wiederholen, damit du sichergehen kannst, dass du sie richtig verstanden hast.

NIMM EINE BELIEBIGE BUSROUTE

Wenn du Stadtteile sehen möchtest, die du sonst verpassen würdest, steige in einen öffentlichen Bus ein und fahre bis zur Endstation und zurück. Du wirst dich abseits der touristischen Pfade wiederfinden. Unbekanntere Stadtviertel, Außenbezirke, Industriegebiete – sie alle bieten die Möglichkeit, die Atmosphäre und den Rhythmus des örtlichen Lebens in dir aufzunehmen. Setze dich neben den Fahrer und mache diesen Ausflug tagsüber, solltest du dich allein unsicher fühlen.

VERLAUFE DICH RUHIG – DAS IST GUT FÜR DICH

Sich zu verlaufen, ist im normalen Leben keine gute Sache. Beim Reisen kann es aber zu wunderbaren Erlebnissen führen. Du könntest auf ein Stadtviertel, einen Park oder einen Aussichtspunkt stoßen, die du sonst nie entdeckt hättest. Wenn du dich verläufst, achtest du automatisch mehr auf deine Umgebung. Vielleicht wirst du dich unwohl fühlen, aber es wird dir nicht wehtun. Ganz im Gegenteil! Dich zu verlaufen, lehrt dich, dich treiben zu lassen. Und die Orientierung wiederzuerlangen, zwingt dich dazu, Lösungen für deine Probleme zu finden.

48

BENUTZE ÖFFENTLICHE VERKEHRSMITTEL

Je nachdem, wohin du reist, kann die Benutzung öffentlicher Verkehrsmittel entweder einen verwirrenden Trip in einem überfüllten Transportmittel oder auch eine Herausforderung in Sachen Sauberkeit und Effizienz bedeuten. Nichtsdestotrotz: Besteige die Straßenbahn, die U-Bahn, den Bus oder die Fähre. Auch die Einheimischen benutzen öffentliche Verkehrsmittel, es ihnen gleich zu tun, bringt dich der Kultur näher (und bietet sich außerdem zum Menschenbeobachten an). Es ist günstig, umweltfreundlich und trägt zur Erhaltung der Verkehrssysteme bei. Und weil du selbst herausfinden musst, wie du von A nach B kommst, macht es aus dir einen aktiven Reisenden, nicht nur einen Fahrgast.

KAPITEL FÜNF

SICH MIT MENSCHEN VERBINDEN

LERNE, HALLO ZU SAGEN

Ein Handschlag ist kein Kuss ist keine Verbeugung ist kein Nasenkuss. Die Begrüßungsrituale eines Landes zu erlernen, zeugt von Respekt für andere und kann dir die eine oder andere peinliche Situation ersparen.

- In Japan ist es Brauch, dass Männer und Frauen sich verbeugen, wenn sie jemandem begegnen.
- In Thailand ist der *Wai* – man faltet die Hände wie zum Gebet vor der Brust und verbeugt sich leicht – Tradition.
- In Indien gilt es als ungehobelt, jemanden des anderen Geschlechts zu berühren.
- In Frankreich ist es für beide Geschlechter üblich, sein Gegenüber auf beide Wangen zu küssen, auch wenn man einander zum ersten Mal trifft.

BEGINNE EIN GESPRÄCH

Das ist eine Kunst, die es sich lohnt zu beherrschen.

Zuerst musst du das Eis brechen, ohne dass es erzwungen oder künstlich wirkt. Fange mit einer einfachen Bitte an: Kannst du ein Foto von mir machen? Ist der Platz frei? Hast du gerade Zeit? Oder mache der Person ein Kompliment über etwas, das sie oder er anhat oder mit sich trägt.

Wenn dein Gegenüber freundlich reagiert, setze noch etwas Passendes nach: Wo kann man hier nett essen gehen? Wo hast du diese tollen Sneaker her? Bist du aus der Gegend? Verwickle aber niemanden in schwammige Gespräche. Einem beliebigen Fremden bestimmte Fragen zu stellen – Wie geht's dir? Wie läuft's? –, kann für euch beide unangenehm sein.

Habe immer einen Plan B parat, um lästigen Fragen aus dem Weg zu gehen oder unangenehmen Gesprächen zu entkommen: Ich weiß nicht – was meinst du? Das ist ein heikles Thema, nicht wahr? Danke für das Gespräch, aber ich muss jetzt gehen!

HÖRE AUFMERKSAM ZU

Zuhören ist eine Fähigkeit, die auf der ganzen Welt geschätzt wird. Laut Experten hat ein guter Zuhörer folgende Eigenschaften:

- Ist auf den Gesprächspartner fokussiert.
- Übt sich im Schweigen.
- Vermeidet Unterbrechungen.
- Stellt Augenkontakt her.
- Stellt Fragen.
- Macht sich keine Gedanken darüber, was er als Nächstes sagen soll.

STOSSE RICHTIG AN

Jedes Land und jede Kultur hat eine eigene Art, anzustoßen. Die lokalen Gebräuche zu kennen, wird dich bei deinen Gastgebern – und bei Fremden an der Bar – beliebt machen. Egal, wo du dich auf der Welt befindest: Versuche locker, selbstbewusst und freundlich zu sein.

- In Dänemark ist es Tradition, dass der Gastgeber oder der Älteste als Erster einen Toast ausspricht. Nimm erst nach dem Gastgeber einen Schluck und sage *skål*.
- In Frankreich sagt man *santé* und stößt mit den Gläsern leicht gegeneinander. Dabei sieht man seinem Gegenüber in die Augen. Wenn man rund um den Tisch anstößt, sollte man darauf achten, dass sich die Arme nicht kreuzen.
- In China beginnt der Gastgeber mit einem Toast, indem er *ganbei* (gonbey) sagt und sein Glas erhebt. Für diesen ersten Toast stößt man mit den Gläsern an. Den Rest des Abends sprechen die Gäste nacheinander Trinksprüche aus. Wenn die Gruppe groß ist, kann man auch einfach mit dem Glas auf den Tisch klopfen, anstatt mit den Gläsern anzustoßen.
- In Israel erhebt man sein Glas und sagt *l'chaim*, was so viel wie »auf das Leben« bedeutet.

WERDE STAMMKUNDE

Wenn du ein Café, einen Foodtruck, einen Buchladen oder ein Restaurant entdeckst, das dir gefällt, belasse es nicht bei einem einmaligen Besuch. Gehe ein zweites und ein drittes Mal hin. Sage Hallo. Nach ein paar Tagen wird das Personal beginnen, dich wiederzuerkennen. So wirst du im Kleinen Teil der Gemeinschaft und anfangen, dich mit dem Ort, den du besuchst, verbunden zu fühlen. Möglicherweise beginnen die Angestellten sogar an, dich wie einen Freund zu behandeln, mit dir zu plaudern, dir Tipps zu geben und vielleicht sogar dich einzuladen.

BETE MIT DEN EINHEIMISCHEN

Eine Kirche oder einen Tempel zu besuchen, um die Architektur zu bewundern, ist eine Sache. Um das örtliche Leben besser verstehen zu können, bietet es sich aber an, auch eine religiöse Zeremonie mitzuerleben. Wenn möglich, frage im Vorhinein um Erlaubnis, da diesbezügliche Regelungen von Religion zu Religion und von Land zu Land variieren. (In manchen Regionen sind zum Beispiel Nichtmuslime in Moscheen nicht willkommen, in anderen wiederum schon.) Es ist selbstredend, dass du dich leise und respektvoll verhältst. Kleide dich angemessen – in manchen Religionen bedeutet das, Arme, Beine und manchmal auch den Kopf zu bedecken. (Nimm zur Sicherheit einen Schal mit und ziehe Socken an für den Fall, dass du gebeten wirst, die Schuhe auszuziehen.) Genieße die Schönheit des Rituals. Und falls jemand fragt, muss es dir nicht unangenehm sein. Sage einfach, dass du zu Besuch da bist und dazulernen möchtest.

KAPITEL SECHS

TAUCHE EIN!

KÄMPFE NICHT GEGEN DEN JETLAG

Jeder scheint eine Geheimwaffe gegen Jetlag zu haben: Sonnenbrille tragen, schwimmen, Tabletten oder das Umstellen der Schlafgewohnheiten schon Tage vor dem Flug. Aber vielleicht ist ein Jetlag ja gar nichts, wogegen man ankämpfen sollte.

Es ist ganz natürlich, dass der Körper seinen gewohnten Zeitplan beibehalten möchte. Unnatürlich hingegen ist es, in einer übergroßen Blechdose rund um den Globus zu jetten. Darum lasse deinem Instinkt freien Lauf – lege dich schlafen, wenn du müde bist, selbst wenn das erst morgens sein sollte, und zwinge dich nicht, einzuschlafen. Lasse dich für eine Weile auf ein Leben ohne Zeitplan ein – du könntest mit bereichernden und überraschenden Erfahrungen belohnt werden: den Klängen einer Stadt, die im Morgengrauen erwacht, dem Anblick eines Sonnenaufgangs über dem Meer, dem Genuss, ein Buch in der Totenstille der Nacht zu lesen.

WAS WILLST DU HEUTE TUN?

Dies ist vergleichbar mit den Zielen, die du dir für deine Reise gesetzt hast (siehe Seite 8), aber in einem kleineren Maßstab: Soll es heute ein körperlich aktiver oder eher ein ruhiger, meditativer Tag werden? Hast du Lust auf ein kleines Abenteuer oder möchtest du lieber kein unnötiges Risiko eingehen? Mache daraus keine große, zeitraubende Entscheidung. Denke darüber nach, während du dir die Zähne putzt oder dein Frühstück isst. Wenn du eine Entscheidung getroffen hast, gehe raus und setze sie um.

GIB DEINEN HÄNDEN ETWAS ZU TUN

Sei ein Macher, kein Wischer. Hobbys wie Stricken, Schnitzen, Zeichnen oder Häkeln beschäftigen deine Hände und halten sie davon ab, nach dem Handy zu greifen.

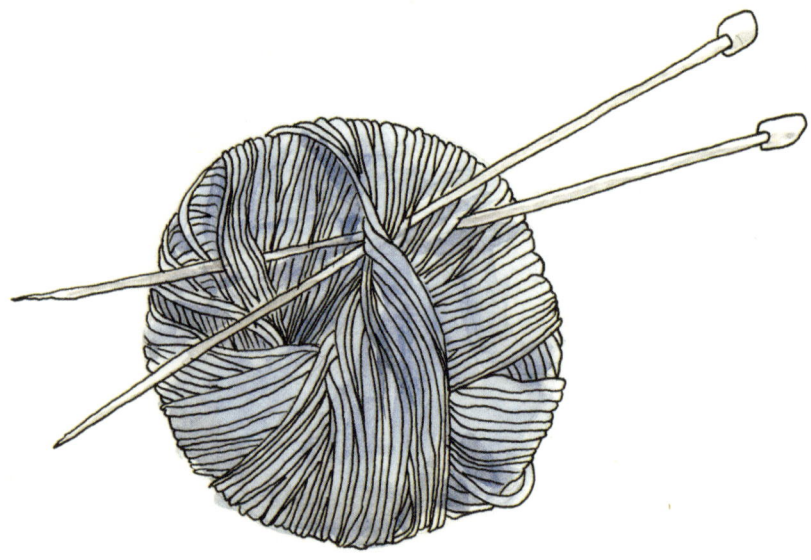

NIMM EIN BUCH MIT – DAS IST BESSER ALS EIN TABLET

Ein Buch auf einem Tablet zu lesen, ist nicht immer vorteilhaft. Klar, E-Reader sind leicht und du kannst damit jederzeit jedes Buch lesen, auf das du gerade Lust hast. Studien haben jedoch gezeigt, dass man Inhalte, die man am Bildschirm liest, schlechter auffasst und dass die ständige Benutzung dieser Geräte die Schlafqualität beeinträchtigen kann.

Denke über all die Vorteile nach, die ein echtes Buch mit sich bringt. Du kannst es herumliegen lassen, ohne dir Sorgen machen zu müssen, dass es gestohlen wird. Bücher gehen im Rucksack oder am Strand nicht kaputt. Sie müssen nicht an den Strom angeschlossen werden. Sie können Aufbewahrungsorte für Notizen sein. Im Gegensatz zu teuren Geräten, die möglicherweise eine Distanz zwischen dir und weniger wohlhabenden Menschen entstehen lassen, können Bücher Gespräche anregen – und du kannst sie als Geschenke zurücklassen.

BELEBE DIE VERGESSENE KUNST DES POSTKARTENSCHREIBENS WIEDER

Postkarten an seine Freunde und Familie zu verschicken, gehörte früher selbstverständlich zum Reisen dazu. Aber Postkarten gibt es immer noch – und eine zu erhalten, ist erfreulicher denn je. Hier eine kurze Auffrischung, wie man Postkarten schreibt:

- Vergiss das Datum nicht.
- Lasse Fragen weg (niemand schreibt dir zurück).
- Unterschreibe sie deutlich, damit klar ist, von wem sie kommen.
- Versuche deine Reise in einigen Sätzen zusammenzufassen.
- Hänge ein paar witzige Fakten an.
- Gestalte sie persönlich. Hat dich etwas, das du gesehen, gegessen oder gehört hast, an die Person, der du schreibst, erinnert?
- Wenn du Postkarten kaufst, frage im Laden nach, ob sie auch Briefmarken verkaufen – und wenn nicht, frage, wo du in der Nähe welche kaufen kannst.

LEGE DIR EIN SKIZZENBUCH ZU

Auch wenn du dich selbst nicht für einen großen Künstler hältst, kann es trotzdem magisch sein, einen Ort in einer Zeichnung festzuhalten. Es ist eine andere Art des Denkens und der Interaktion mit deiner Umgebung. Lasse dich nicht einschüchtern: Hierbei geht es um den Prozess, nicht um das Resultat. Außerdem musst du deine Zeichnungen niemandem zeigen, wenn du nicht willst. Niemals.

Wenn du dir damit schwer tust, einen Anfangspunkt zu finden, versuche, dich auf ein einzelnes Objekt zu konzentrieren, etwa eine Tasse Kaffee, ein Dach oder ein Gesicht. Mache das Skizzieren zur Gewohnheit und setze dir selbst ein Zeitlimit. Für mehr Abwechslung probiere verschiedene Techniken, wie beispielsweise ein Bild mit nur einer einzigen durchgehenden Linie zu zeichnen, Objekte auf den Kopf zu stellen oder Cartoons und Karikaturen zu skizzieren.

Es gibt Skizzenbücher in Taschenformat, aber einfache Notizbücher sind genauso gut geeignet. Für besonders gut gelungene Zeichnungen kannst du auch ein Buch mit Seiten, die man als Postkarten heraustrennen kann, kaufen. Es gibt fast nichts Außergewöhnlicheres als ein handgezeichnetes Schreiben aus der Ferne.

DIE KUNST, MENSCHEN ZU BEOBACHTEN

Menschen zu beobachten ist eine der größten Freuden im Leben, egal, ob vor der eigenen Haustür oder im Ausland. Es macht Spaß, Amateuranthropologe zu spielen, menschliche Verhaltensweisen und fremde Kulturen zu studieren und sich vorzustellen, welche individuellen Geschichten sich dahinter verbergen.

Wichtig ist, von wo aus du beobachtest. Suche nach einer Stelle, die unauffällig ist und einen guten Beobachtungswinkel bietet. Ein Sitzplatz an einem Ort, wo Menschen ein und aus gehen, wie eine Bahnstation, ein Café oder ein Park, eignet sich sehr gut. Sei respektvoll gegenüber anderen, auch wenn sie in der Öffentlichkeit unterwegs sind. Starre niemanden an und bleibe einfach offen. (Eine Sonnenbrille verbirgt deine Blicke, damit kannst du ungestört jemanden anblicken, ohne aufzufallen.)

Wenn dir der Anfang schwerfällt, könntest du etwa mit Doppelgängern beginnen – mit Menschen, die Promis oder Freunden zu Hause ähnlich sehen. Oder überlege, welche Schlussfolgerungen du ziehen kannst, indem du Menschen bloß beobachtest. Wer sind sie? Was machen sie beruflich? Wohin gehen sie? In welcher Stimmung sind sie? Was bringen dir diese Menschen über diesen Ort bei – Gewohnheiten, Manieren und Kultur mit eingeschlossen? Kannst du irgendwelche Subkulturen ausmachen?

ERKUNDE ZEITGENÖSSISCHE KUNST

Zeitgenössische Kunst – also Werke von lebenden Künstlern oder Kunst, die nach dem Zweiten Weltkrieg entstanden ist – kann wunderschön, fesselnd und berührend sein. Sie kann aber auch herausfordernd, verwirrend und ungemütlich sein. Und sie ist es wert, entdeckt zu werden. Genauso wie die Kunst der Vergangenheit ein Fenster in die Kultur, Gesellschaft und Politik einer bestimmten Ära ist, so ist auch zeitgenössische Kunst ein Weg, um die moderne Welt durch die Augen der kreativsten Köpfe dieser Zeit zu sehen.

Es gibt keine Regeln, wenn es um das Betrachten von Kunst geht (außer in den meisten Fällen, sie nicht zu berühren). Aber um sie wirklich begreifen zu können, ist es am hilfreichsten, einfach maximal aufgeschlossen zu sein. Du solltest ein Kunstwerk nicht sofort als schlecht oder sinnlos verurteilen. Erst wenn du es richtig wahrgenommen hast, solltest du darüber urteilen, ob es dich einfach nicht anspricht oder keine gute Kunst ist. Akzeptiere es als das, was es ist, nicht als das, was du dir unter Kunst vorstellst. Berücksichtige die Umstände, unter denen es entstanden ist, was es für den Künstler bedeuten könnte und was es über Ort und Zeit seiner Entstehung aussagt.

In manchen örtlichen Museen wirst du keine zeitgenössische Kunst vorfinden. Stattdessen kannst du in Galerien und sogar auf der Straße danach suchen. Wenn du in einem Hotel untergebracht bist, frage den Portier um Rat.

MACHE DICH MIT DER FLORA UND FAUNA VERTRAUT

Wie die Schriftstellerin Maria Popova schon sagte: »Benennen bedeutet aufmerksam sein; benennen bedeutet Liebe.« Man verspürt eine tiefe Verbundenheit, wenn man die Vögel, Blumen und Bäume eines bestimmten Ortes identifizieren kann. Das Fremde wird vertraut, das Gewöhnliche wird besonders. Es ist eine besonders intime Art, sich mit seinem Reiseziel auseinanderzusetzen.

Du musst dich nicht auf Safari oder auf einen Trip ins Naturschutzgebiet begeben, um Wildtierarten zu begegnen. Du musst dich auch nicht an einem Ort befinden, der für seine exotische Artenvielfalt berühmt ist – obwohl es selbstredend einfacher ist, Bücher über die Tierwelt von Costa Rica oder Botswana zu finden als etwa über die von Portugal. Suche auf den entsprechenden Seiten deines Reiseführers nach nützlichen Informationen oder kaufe dir einen Wildtierführer. Wenn du auf deiner Reise ohnehin dein Handy benutzen möchtest, kannst du Apps verwenden, die dir beim Identifizieren von Pflanzen und Tieren helfen.

ERLAUBE DIR, FAUL ZU SEIN

Es kann sehr verlockend sein, immer auf Tour zu sein und den Urlaub voll auszukosten, indem man sich mit Aktivitäten überhäuft und von einer Sehens-
würdigkeit zur anderen hetzt. Weniger ist aber oftmals mehr. Ständig auf Trab
zu sein, belastet sowohl unser Nerven- als auch unser Immunsystem. Es hin-
dert uns daran, uns zu entspannen und uns an unserem Umfeld zu erfreuen.

Auf deinem nächsten Trip solltest du dich von deinen Bedürfnissen treiben
lassen. Wenn du müde bist, mache Halt. Wenn du dich an einem Ort besonders wohlfühlst, bleibe dort. Du wirst mit einem Gefühl der Entspannung,
einer bewussteren Wahrnehmung und mehr Kreativität belohnt werden und
Zeit zum Nachdenken finden.

PLANE DAS EINE ODER ANDERE SCHLÄFCHEN EIN

Eine Siesta zu halten, ist eine der einfachsten und zugleich wirkungsvollsten Wonnen. Nickerchen fördern Kreativität und Aufmerksamkeit, reduzieren Stress und dienen der Gesundheit. Baue Schläfchen in deinen täglichen Reiseplan ein, denn das wird deinem Verstand helfen, all die neuen Erfahrungen – und sogar Sprachen – zu verarbeiten. Und auch, weil Schlaf einfach gut für dich ist!

SIEH DIR DEN SONNENAUFGANG ODER SONNENUNTERGANG AN

Egal, wie oft du die Sonne schon beim Auf- oder Untergehen beobachtet hast, dieses Erlebnis wird nie langweilig. Es ist immer ein schöner Anblick, egal, wo auf der Welt du dich befindest. An manchen Orten ist es vielleicht sogar das Highlight eines Trips: ein Moment, um sich über die großen und die kleinen Fragen des Lebens Gedanken zu machen, um sich in himmlischen Farben zu verlieren und um sich mit der Natur und dem Kosmos verbunden zu fühlen.

ZIEHE DIE SCHUHE AUS

Nenne es »Earthing«, wenn du cool sein willst. Wir anderen nennen es gerne »barfuß gehen«. Man sagt, dass es das Immunsystem stärkt und das Blutbild verbessert. Du kannst es aber auch aus purer Freude am Gefühl von Gras, Sand und Schlamm unter den nackten Füßen machen. (Aber behalte deine Schuhe an Orten an, wo Tiere sich erleichtert haben, denn diese können lästige Parasiten übertragen.)

FINDE EIN RUHIGES PLÄTZCHEN

Städte können einen schnell überwältigen. Aber selbst in den größten und belebtesten finden sich Oasen der Ruhe. Versuche es mit botanischen Gärten, einem Universitätscampus, kleineren Museen, Bibliotheken und Gotteshäusern. Halte auf Flughäfen Ausschau nach der Kapelle – oder einfach nach einem leeren Gate.

PRÄGE DIR EINEN MOMENT EIN

Wähle jeden Tag einen Moment aus, den du deinem Erinnerungsspeicher hinzufügen möchtest. Achte auf jedes Detail – Ausblick, Geräusche, Gerüche. Achte auf die Temperatur und die Lichtqualität. Spüre, wie du dich fühlst. Nimm die Farben von Regenschirmen, Schildern, Teppichen und Blättern wahr. Gehe die Szene nochmal in Gedanken durch und beschreibe sie dir mit geschlossenen Augen selbst. Schreibe in deinem Kopf einen Tagebucheintrag.

KAPITEL SIEBEN

ESSEN UND TRINKEN

FINDE ÜBERALL AUF DER WELT DAS BESTE ESSEN

Vergiss Yelp und Foursquare und plage dich nicht mit dem Hotelportier herum. So findest du die besten Lokale:

SPRICH MIT TAXIFAHRERN

Sie kennen die Stadt in- und auswendig und haben gute Tipps.

DIE RICHTIGEN FRAGEN STELLEN

Frage nicht, wohin du essen gehen sollst, sondern wo deine Gesprächspartner gerne essen. Das ist nur ein kleiner Unterschied, aber so kommst du eher an lokale Geheimtipps ran und landest nicht in Touristenfallen.

FOLGE DER MASSE

Wenn vor der schmuddeligen Eckkneipe die Einheimischen Schlange stehen, dann nichts wie rein mit dir!

ERKUNDE MULTIKULTURELLE VIERTEL

So findest du garantiert authentische, günstige und leckere Speisen.

LÖCHERE DAS PERSONAL

Wenn du einmal ein großartiges Restaurant gefunden hast, bitte den Kellner, den Koch, den Wirt oder den Tischabräumer, dir andere tolle Lokale zu empfehlen. Sie sind wahrscheinlich erfahrenere Foodies als du und werden genau wissen, welche Lokale einen Besuch wert sind.

NIMM AN EINER KULINARISCHEN TOUR TEIL

Diese Touren führen dich zu echten Gourmetköchen (und werden oft auch von ihnen geleitet). Ihr Schwerpunkt liegt meist auf weniger bekannten Restaurants. Oder entscheide dich für ein hausgemachtes Essen in einem privaten Ambiente. Plattformen wie Traveling Spoon, CookApp, Feastly und EatWith helfen dir dabei.

ACHTE AUF DEINEN TELLER

Hast du dich schon so sehr daran gewöhnt, dein Essen hastig am Schreibtisch zu dir zu nehmen, dass du gar nicht mehr weißt, wie man eine Mahlzeit genießt? Dann findest du nachfolgend ein paar Techniken, die dich den Spaß am Essen wiederentdecken lassen.

ISS MIT DER ANDEREN HAND

Weil das viel schwieriger ist, bist du gezwungen, auf jeden einzelnen Bissen zu achten. Das mag vielleicht für jede Mahlzeit etwas zu anstrengend sein, aber mache es hin und wieder, um dein Bewusstsein zu schärfen.

LEGE DIE GABEL NACH JEDEM BISSEN WEG

Dies verlangsamt das Essen automatisch und regt dazu an, gründlich zu kauen, über dein Essen nachzudenken und dich dabei umzusehen.

SPIELE »ZUTATEN RATEN«

Mache aus deinem Essen ein Ratespiel. Konzentriere dich auf die Konsistenz, die Geschmacksrichtungen und die Aromen in deinem Essen und versuche, so viele Komponenten wie möglich zu erraten. Sind das Mandeln? Könnte das Seegras sein? Schmecke ich da etwa Kardamom heraus?

BEGIEB DICH AUF EINE KULINARISCHE SCHNITZELJAGD

Wähle eines deiner Lieblingsgerichte aus, über das du gerne mehr erfahren möchtest. Deiner Fantasie sind keine Grenzen gesetzt. Widme deine Reise (oder auch nur einen Tag) der Suche nach den besten oder interessantesten Versionen des ausgewählten Gerichts. Das grenzt deinen Essensfokus ein und lenkt deine Konzentration auf ein einziges Gericht. Es macht deine Reise zu einer Schatzsuche. Wo auch immer du isst, stelle unbedingt Fragen: Verratet ihr mir das Rezept? Was ist euer Geheimnis oder eure geheime Zutat? Was könnt ihr mir noch empfehlen?

LERNE, ALLEIN ZU ESSEN

Das kann zwar anfangs extrem unangenehm und einschüchternd sein, selbst wenn man sich an einem bekannten Ort befindet. Aber es kann auch eine höchst belohnende Erfahrung sein: friedvoll, meditativ, befreiend und sogar lebensverändernd.

Wenn du willst, kannst du mit dem Frühstück anfangen, da du wahrscheinlich nicht die einzige Person sein wirst, die allein isst. Nimm ein Buch, eine Zeitschrift oder dein Notizbuch mit, aber lasse dein Handy zu Hause.

Wenn du keine Probleme damit hast, mit Fremden zu sprechen, setze dich an die Bar. Genieße es, andere Gäste zu beobachten und erfinde Hintergrundgeschichten für sie. Belausche sie ruhig. Konzentriere dich auf dein Essen – auf die Geschmacksrichtungen, die Konsistenz, die Gerüche und die Präsentation auf dem Teller. Die Foodjournalistin Simran Sethi sagt, allein in einem Restaurant zu essen lässt sie das große Ganze hinter jedem Gericht erkennen. Während du isst, denke also darüber nach, dass du nicht wirklich allein bist: Dein Essen verbindet dich mit vielen Menschen – von Bauern, Pflückern, Einkäufern, LKW-Fahrern und Fischern bis hin zu Schlächtern, Bäckern, Köchen, Tellerwäschern und vielen anderen. Oh, und bestelle was auch immer du willst, selbst wenn es drei Desserts sind. Dir sitzt niemand gegenüber, der dich deswegen schief ansehen könnte!

EIN NEUER TAG, EIN NEUES GERICHT

Das gilt umso mehr, wenn du kein abenteuerlustiger Esser bist. Du musst ja nicht unbedingt mit etwas beginnen (oder aufhören) wie Fischaugen (außer, du bist in Südchina, wo sie hoch geschätzt werden). Aber neue Geschmacksrichtungen erweitern deinen Horizont und regen zum Nachdenken darüber an, was du normalerweise isst oder nicht isst. Extrapunkte gibt es, wenn du dich zu etwas Ausgefallenem entschließt.

NIMM KOCHUNTERRICHT

Auf diese Weise bekommst du die Gelegenheit, in die einheimische Küche ein-
zutauchen und mit anderen Hobbygourmets in Kontakt zu treten – vor allem
an Orten, wo man Essen zur Kunst macht, wie etwa in Italien, Thailand, Japan
oder Mexiko.

KAPITEL ACHT

BILDSCHÖNES REISEN

ERINNERE DICH AN DIE FREUDEN DES 35-MM-FILMS

Fotos mit Film zu schießen ist langwierig. Eine Filmrolle liefert dir nur zwei, drei Dutzend Aufnahmen und du musst vermutlich einige Tage warten, um die Ergebnisse sehen zu können. Und genau das macht es so besonders.

Einen Film zu verwenden, ist Ritual und Romantik pur zugleich: die Kamera öffnen und eine neue Filmrolle einsetzen, die Rückwand sanft über dem Film schließen, den Film am Ende zurückspulen, ein Päckchen mit Fotografien in den Händen halten. Es ist das komplette Gegenstück zu sofortiger Belohnung: Erst wenn du die entwickelten Fotos siehst, weißt du, was du wirklich fotografiert hast. Man drückt seltener auf den Auslöser und nimmt bewusster wahr, was man fotografiert. Und am Ende hast du nicht bloß einen Chip voller Bits und Bytes, sondern eine Erinnerung, die du in Händen halten, einrahmen und aufstellen kannst. Oder du stößt zufällig Jahre später in der Schreibtischschublade wieder auf diese Fotos.

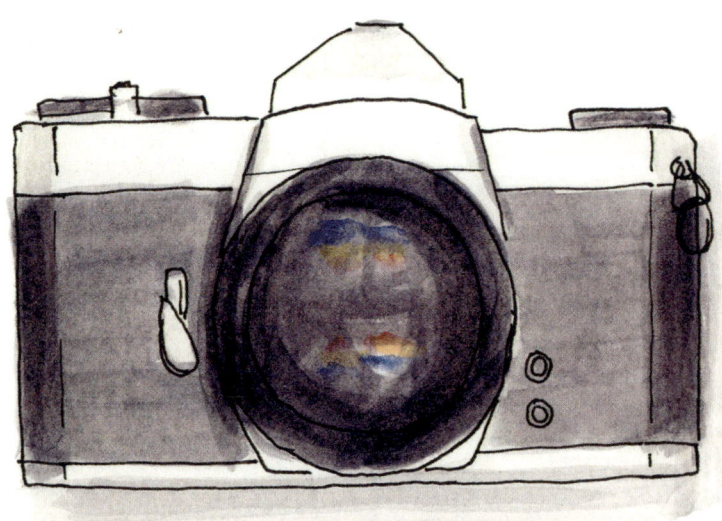

VERSUCHE ES EINMAL OHNE KAMERA

Du denkst zwar, dass du mit Fotos Erinnerungen festhältst, aber oftmals werden sie bloß auf einer Festplatte versauern. Untersuchungen haben außerdem ergeben, dass das Fotografieren eines Ereignisses zur Folge hat, dass wir es schnell wieder vergessen. Wenn du die Kamera zu Hause lässt, kannst du dich auf die Gegenwart konzentrieren und die Welt durch deine eigenen Augen (#nofilter) statt durch eine Linse oder einen digitalen Bildschirm sehen. Außerdem bewahrt es dich davor, ein unausstehlicher, Selfiestick schwingender Tourist zu sein.

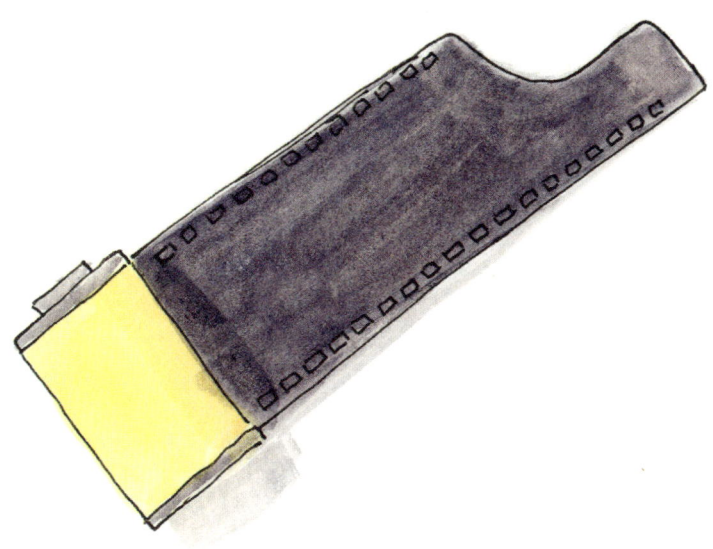

NUR EIN PAAR FOTOS PRO TAG

Egal ob du dein Handy oder eine analoge Kamera benutzt – durch eine begrenzte Anzahl von Fotos wirst du automatisch Qualität über Quantität setzen. Du wirst genauer hinsehen und mehr über dein Umfeld nachdenken. Typische Touristenschnappschüsse wirst du automatisch überspringen. Du wirst dir mehr Gedanken darüber machen, was kraftvoll und wichtig ist. Und du wirst weniger Zeit damit vergeuden, an einem Bildschirm herumzufummeln, Filter hinzuzufügen und dich mit minimalen Unterschieden verrückt zu machen. Wenn du weniger Fotos schießen möchtest, besorge dir einfach eine Speicherkarte mit wenig Speicher.

FOTOGRAFIERE EIN GEFÜHL

Anstatt das zu fotografieren, was lediglich hübsch oder interessant aussieht, gib deinen Fotos mehr Tiefe, indem du dir die Aufgabe stellst, ein Gefühl sichtbar zu machen. Du kannst dich für ein Gefühl, wie etwa Freude, Frustration, Erschöpfung oder Zufriedenheit, entscheiden und dann nach einer geeigneten Szene suchen, die du dann in einem Foto festzuhalten versuchst. Du kannst aber auch nur nach einer starken Emotion suchen und diese ablichten. Diese Übung hilft dir dabei, hinter die Oberfläche zu blicken und dich intensiver mit deinem Umfeld auseinanderzusetzen.

DENKE WIE EIN FOTOJOURNALIST

Denke über das reizvolle Motiv hinaus und versuche, mit deinen Bildern eine Geschichte zu erzählen. Bemühe dich, eine Beziehung, einen Kontrast oder eine Herausforderung zu erfassen, oder rege den Betrachter zum Denken an. Wer sind diese Leute? Was machen sie? Wieso machen sie das? Solche Fotos zu schießen, erfordert deine volle Aufmerksamkeit und Offenheit. Scheue dich nicht, näher heranzugehen, Bewegung festzuhalten oder spezielle Themen wie Symmetrie, Zerfall oder Zuneigung umzusetzen.

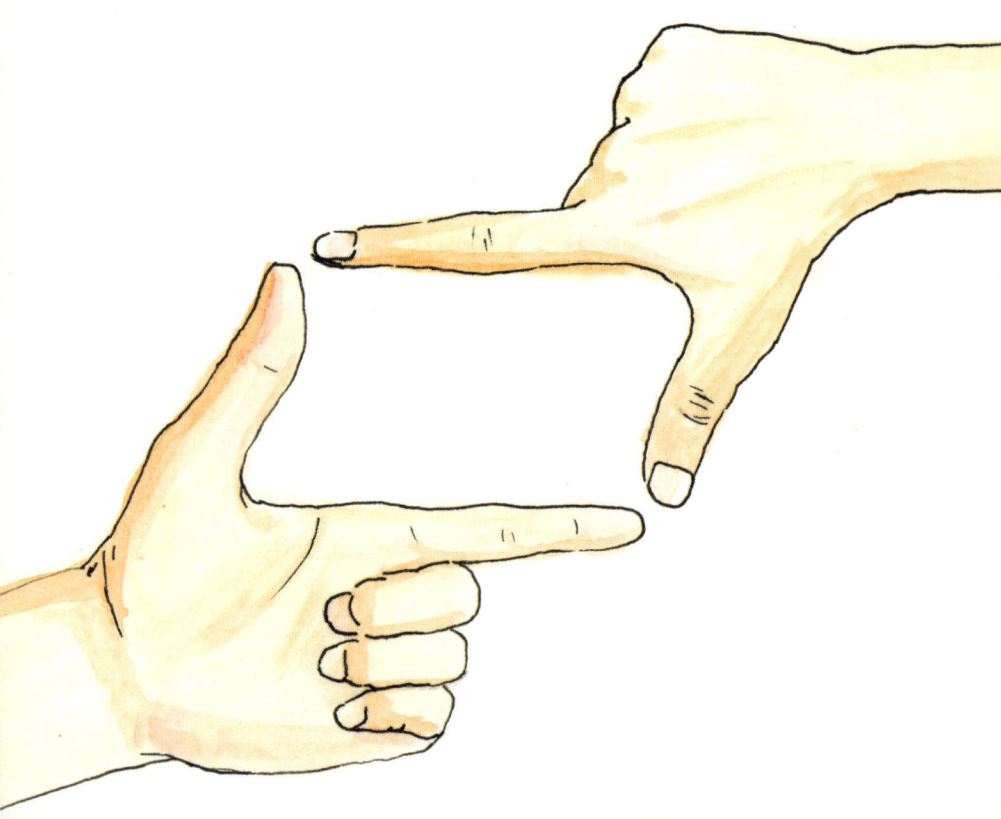

KAPITEL NEUN

WENN ETWAS SCHIEFGEHT

RECHNE MIT KOMPLIKATIONEN

Nur die wenigsten Reisen verlaufen ganz ohne Probleme. Auf fast jeder Reise wird irgendetwas, sagen wir, anders ablaufen als geplant. Du bist an unbekannten Orten unterwegs und von vielen unterschiedlichen Systemen und Menschen abhängig, da kann schon mal etwas schief gehen. Du wirst dich mit abgesagten Flügen, verpassten Zügen, verfallenen Reservierungen und miesen Hotelzimmern herumschlagen müssen. Vielleicht wirst du krank. Vielleicht verletzt du dich. Wenn du die »perfekte« Reise erwartest, wirst du mit großer Sicherheit enttäuscht werden. Wenn du dich aber darauf einstellst, dass die Reise in manchen Punkten beschwerlich sein wird, entspricht diese Annahme der Realität und du wirst am Ende völlig zufrieden sein.

LERNE, MIT PROBLEMEN KLARZUKOMMEN

Psychologen beschreiben zwei stressreduzierende Strategien, die dabei helfen, mit Missgeschicken umzugehen. Die erste Strategie ist problemlösungsorientiert und versucht, zu retten, was zu retten ist. Dabei geht es weder darum, die Ursache für das Missgeschick zu ermitteln, noch darum, in Selbstmitleid zu versinken. Flug verpasst? Dann fange an, bei den Fluggesellschaften anzurufen und dich nach anderen Flügen zu erkundigen.

Die zweite Strategie versucht vor allem, dein emotionales Gleichgewicht zu stützen. Finde dich mit dem Geschehenen ab, weil du es nicht geradebiegen oder ändern kannst. Flug verpasst? Dann gönne dir ein Eis. Genieße den zusätzlichen Tag an deinem Aufenthaltsort. Denke einfach daran, wie befreiend es sein kann, einen Zwischenstopp zum Durchatmen einzulegen.

MEDITIERE (ODER MACHE YOGA) UNTERWEGS

Keine Matte, kein Studio, kein Lehrer? Kein Problem. Du kannst Entspannungs-, Fokussierungs- und Dehnübungen auch unterwegs für dich allein machen. Sie können außerdem besonders wirksam sein, wenn auf deiner Reise etwas schief geht.

Der erste Schritt ist das Atmen. Obwohl es selbstverständlich klingt, ist es das in schwierigen Momenten oftmals nicht. Nimm dir eine Minute Zeit, schließe die Augen und konzentriere dich auf das Ein- und Ausatmen. Versuche nicht, den Atemrhythmus zu ändern, sondern verfolge ihn lediglich. Wenn dir das Fokussieren schwer fällt, zähle deine Atemzüge und beobachte, wie weit du kommst.

Eine weitere Meditationsmethode für unterwegs ist, sich auf ein Geräusch zu konzentrieren. Schließe deine Augen und richte deine volle Aufmerksamkeit auf das Brummen des Motors, das Gemurmel der Menge, das Rattern des über die Schienen ruckelnden Zugabteils. Höre so aufmerksam wie möglich hin.

Denke dir ein Mantra aus. Es kann ganz einfach sein, wie zum Beispiel »Alles wird wieder gut«. Es geistesabwesend zu wiederholen, wird dir nicht viel nützen. Konzentriere dich darauf. Atme es ein und wieder aus. Lasse es Körper und Geist durchfluten.

Wenn du dich bereits ein wenig mit Yoga befasst hast, kennst du schon ein paar Positionen und Techniken, die du ohne eine Matte ausführen kannst. Es gibt die stehende Vorwärtsbeuge, bei der du deinen Kopf entspannt zum Boden hin hängen lässt; eine Baumpose, bei der du auf einem Bein balancierst, während du den anderen Fuß an den inneren Oberschenkel drückst oder eine stehende Rückwärtsbeuge. Das sind nur drei von zahlreichen Möglichkeiten.

SCHLECHTE ERFAHRUNGEN LIEFERN DIE BESTEN GESCHICHTEN

Jeder will etwas über deine luxuriöse, erfreuliche und reibungslose Reise hören, aber nur für eine kurze Zeit. Es sind die Geschichten von Katastrophen und Desastern, vom Verlorensein und von Missgeschicken, vom »Dieses eine Mal, als ...«, die hängen bleiben und die noch Jahre später für spannende Unterhaltung sorgen.

DENKE DARAN, WAS DEINE MUTTER GESAGT HAT

Mal im Ernst: Was ist das Schlimmste, das passieren kann? Sofern du dich nicht in einer lebensgefährlichen Situation befindest, ist das Schlimmste grundsätzlich nicht allzu schlimm. Du könntest einen Teil deines Urlaubs verpassen. Handy, Kamera, Pass oder was auch immer du verloren haben könntest, sind ersetzbar. Und die verlorenen 100 Euro wirst du in einem Jahr nicht mehr vermissen. Darum lass einfach los.

KENNE DIE NOTFALLNUMMERN

Gepäck geht verloren. Krankheiten und Verletzungen kommen vor. Darum ist es immer gut, zu wissen, wen du im Notfall kontaktieren kannst.

- Wenn dein Gepäck verloren geht: Bleibe auf dem Flughafen. Kontaktiere die Fluggesellschaft und melde den Verlust. Verlasse das Gebäude erst, nachdem dir ein Vertreter der Fluggesellschaft einen schriftlichen Bericht deines Verlustes ausgehändigt hat. Verlange außerdem (schriftliche) Angaben dazu, was du kaufen kannst, um das Nötigste zu ersetzen.
- Wenn dein Pass verloren geht: Suche sofort die nächstliegende Botschaft oder das nächstliegende Konsulat deines Landes auf. Hoffentlich hast du eine Fotokopie deines Passes dabei (siehe Seite 24), denn das wird die Problemlösung deutlich beschleunigen.
- Wenn du krank wirst: Gehe zur Apotheke. In vielen Ländern können Apotheker kleinere Krankheiten diagnostizieren und die richtigen Medikamente verabreichen. Wenn du schwer krank bist, kontaktiere die Botschaft oder das Konsulat deines Landes und bitte um eine Liste mit Ärzten vor Ort, die deine Sprache (oder zumindest Englisch) sprechen.
- Wenn du verletzt bist: Suche das nächstgelegene Großklinikum auf. Ein Taxifahrer kennt normalerweise den Weg dorthin.

KAPITEL ZEHN

REISEN MIT KINDERN

BETEILIGE DIE KINDER AN DER REISEPLANUNG

Wenn du deine Kinder bei der Planung mitentscheiden lässt, werden sie mehr in die Reise miteinbezogen. So werden sie an der Reise viel mehr Freude haben. Genauso, wie sie etwas viel lieber essen, wenn sie beim Kochen mithelfen dürfen. Den Kinder eine Aufgabe zu geben, verringert späteres Herummeckern (oder versorgt dich zumindest mit einem guten Gegenargument). Das ist ihre Chance, um etwas über Reisebudget, Recherche, Geografie und Verkehrsmittel zu lernen – und eine Gelegenheit für dich, etwas über deine Kinder zu lernen.

IST ACHTSAMES REISEN MIT KINDERN MÖGLICH?

Einerseits ist es mit Kindern im Schlepptau schwieriger, ein aufmerksamer Reisender zu sein. Man hat weniger Ruhe und Zeit für sich selbst. Die Verantwortung für kleine Menschen zu tragen, kann stressig sein, da es auch logistische Herausforderungen mit sich bringt (etwa Kindersitze fürs Auto und Windelwechseln).

Andererseits kann es mit Kindern auch einfacher sein. Kinder sind oft aufmerksamer als Erwachsene. Sie staunen über Dinge, von denen viele Erwachsene kaum Notiz nehmen würden: Steine am Strand, einen Türstopper in Kuhform oder die lustige Dame im Museumsshop. Außerdem stellen sie überraschend tiefgründige Fragen wie »Wo gehen die Regenbögen hin?«.

Familienreisen lehren Flexibilität und sich treiben zu lassen. Eltern lernen, ihren Kindern ein Vorbild in Bezug auf Geduld und Rücksichtnahme zu sein. Kindern beizubringen, die Welt durch ihre Augen zu sehen und einfach bei ihnen zu sein, wenn sie neue Erfahrungen machen, kann euch einander näherbringen – und dir beibringen, aufmerksamer durch die Welt zu gehen.

ERWARTUNGEN IM VORAUS BESPRECHEN

Sage deinen Kindern nicht nur, dass ihr in Spanien Urlaub macht. Besonders für kleine Kinder und jene, die zum ersten Mal verreisen, ist es wichtig, die Details der Reise zu erfahren: Wie kommt ihr dort hin? Was macht ihr dort? Was seht ihr euch an? Welches Verhalten wird von ihnen erwartet? Wie sie sich in einem Flugzeug oder einem Hotel benehmen müssen, ist für Kinder nicht selbstverständlich.

Die Reise im Vorhinein zu besprechen, weckt Vorfreude und zerstreut Ängste. Außerdem ist es einfacher, die Kinder lediglich daran zu erinnern, dass sie zum Beispiel den Sitz vor sich nicht treten sollen, als ihnen erst in der Situation zu erklären, warum das nicht okay ist.

DEN ZUGANG ZU MOBILGERÄTEN EINSCHRÄNKEN

Mobilgeräte wie Tablets oder Handys haben durchaus ihre Vorzüge. Sie können Kindern etwa helfen, einen langen Flug zu überstehen. Je älter die Kinder allerdings werden, desto schwieriger wird es auch, sie ihnen wieder wegzunehmen. Unabhängig vom Alter des Kindes ist es ratsam, schon im Vorhinein einige Regeln in Bezug auf die Nutzung festzulegen. Für die Kinder sollten die gleichen Grenzen gelten, die du dir auch selbst auferlegst, beispielsweise keine elektronischen Geräte während des Essens oder am Strand. Einigt euch darauf, alle Handys in einen Safe oder in das Handschuhfach zu legen, um der Versuchung leichter widerstehen zu können.

MACHE DICH ALLEIN AUF DEN WEG

Es geht nicht darum, dir eine Auszeit von deinen Mitreisenden zu gönnen. (Okay, ein bisschen schon.) Aber allein Kaffee trinken zu gehen oder eine morgendliche Erkundungstour zu machen, verleiht deiner Reise mehr Abwechslung. Zu wissen, dass du dich eine Weile nur um dich selbst kümmern musst, wird dir ein unerwartetes Gefühl von Leichtigkeit und Unbeschwertheit verleihen. Du wirst mehr geistigen Raum zum Beobachten und Eintauchen haben und dich daran erinnern, wie es ist, eins mit deinem Umfeld zu sein.

BRINGE IHNEN DAS ORIENTIEREN BEI

Bei kleinen Kindern kann man mit den Himmelsrichtungen anfangen. Lasse sie deinen Kompass (siehe Seite 44) benutzen und bringe ihnen die Grundlagen des Lesens von Landkarten bei. Älteren Kindern kann man Kartenlegenden, Höhenlinien und Autobahnausfahrtsnummern erklären. Gib ihnen eine Landkarte, zeige ihnen euren Zielort und lasse sie selbst herausfinden, wie man von A nach B kommt. Spiele eine Situation mit ihnen nach, in der sie sich verlaufen haben und ihren Weg zurück zum Hotel finden müssen. Lasse sie dabei nach Orientierungspunkten und anderen Hinweisen suchen.

AUTOREISESPIELE

Du erinnerst dich doch sicher noch an sie ... oder etwa nicht? Nachfolgend findest du eine kleine Auffrischung der Reisespielklassiker, ganz ohne Batterien.

KOFFERPACKEN

Der erste Spieler beginnt mit dem Satz: »Ich packe meinen Koffer und lege ein ... hinein.« Der erste Spieler wählt einen Gegenstand, der mit A beginnt. Der nächste Spieler wiederholt den ganzen Satz und fügt einen Gegenstand mit B hinzu usw. Um das Spiel kniffliger zu gestalten, kann man sich auf zusätzliche Regeln einigen, wie zum Beispiel, dass nur rote Gegenstände eingepackt werden dürfen.

WER BIN ICH?

Ein Spieler denkt sich etwas aus und verkündet die Kategorie, zum Beispiel Person/Ort/Ding oder Tier/Pflanze/Mineral. Die anderen Spieler müssen mit Ja-Nein-Fragen erraten, wer oder was er ist.

ICH SEHE WAS, WAS DU NICHT SIEHST

Der erste Spieler sucht sich einen Gegenstand in Sichtweite aus, sagt »Ich sehe was, was du nicht siehst...«, und fügt einen Hinweis hinzu, zum Beispiel: »Und das ist blau« oder: »Und das beginnt mit einem B«. Die anderen Spieler müssen erraten, was es ist. Wer es geschafft hat, beginnt die nächste Runde.

DAS NAMENSSPIEL

Der erste Spieler beginnt, indem er den Namen einer berühmten Persönlichkeit nennt. Der nächste Spieler muss eine berühmte Persönlichkeit nennen, deren Vorname mit demselben Buchstaben beginnt, wie der Nachname aus der vorigen Runde. Wenn euch die Ideen ausgehen, ist das Spiel zu Ende.

RADIOROULETT

Im Grunde genommen ist das zwar kein Spiel, aber es wird euch geistig wach halten. Legt ein Intervall von beispielsweise zehn Minuten fest und schaltet nach dieser Zeit auf einen zufälligen Radiosender um. Ihr könntet bei einem Folk-, Rap-, Jazz- oder Opernsender landen oder in eine Nachrichtensendung hineinhorchen.

KAPITEL ELF

DIE HEIMKEHR

FASSE EINEN URLAUBSVORSATZ

Entscheide dich am Ende deiner Reise für eine Gewohnheit, die du verändert hast und die du in deinen Alltag übernehmen möchtest. Das kann tägliches Meditieren oder eine Yogaübung sein. Es kann aber auch eine lokale Gepflogenheit sein, die du in dein Leben integrieren möchtest, wie zum Beispiel ein Sundowner-Cocktail oder ein Nachmittagstee. Nimm es dir schon jetzt fest vor, sonst wird wahrscheinlich nichts daraus.

KEHRE AN EINEM DONNERSTAG HEIM

Wenn du in der Mitte der Woche heimkehrst, erlauben es reguläre Bürozeiten, dass du nur ein, zwei Tage im Büro verbringen musst, bevor du in das Wochenende starten kannst. Das gibt dir die Möglichkeit, langsam in das gewohnte Arbeitsleben zurückzukehren. Samstag und Sonntag kannst du dann damit verbringen, dich allmählich wieder in deinen Alltag einzuleben, bevor du dich mit einer vollgepackten Arbeitswoche konfrontiert siehst.

BLEIBE IN KONTAKT

Vergiss bloß nicht die E-Mail-Adressen all der wundervollen Menschen, die du während deiner Reise kennengelernt hast. In ein paar Wochen werden die Urlaubserinnerungen verblichen sein und du wirst dich fragen, ob es überhaupt noch sinnvoll ist, mit ihnen Kontakt aufzunehmen. Darum mache es gleich, solange die Verbindung noch frisch ist. Schicke ihnen eine Freundschaftsanfrage auf sozialen Netzwerken. Schreibe ihnen, dass du dich gefreut hast, sie kennenzulernen und erwähne eine besondere Begebenheit, die ihr gemeinsam erlebt habt. Versuche, ein Wiedersehen zu arrangieren.

GÖNNE DIR EINEN URLAUBSTAG ZU HAUSE

Es mag verlockend klingen, all deine Urlaubstage nur fürs Reisen zu nutzen. Tue dir aber nach deiner Rückkehr etwas Gutes und bleibe einen Tag lang zu Hause. Das nimmt deiner Heimkehr den Stress und lässt dich in Ruhe auspacken, den Kühlschrank auffüllen, ins Kino gehen und ein letztes Nachmittagsschläfchen machen. Dieser eine freie Tag wirkt auch bei Jetlag wahre Wunder.

SPIELE NICHT DEN HELDEN

Es kann schnell passieren, dass man nach der Reise in eine regelrechte
Arbeitspanik verfällt, vor allem nach einem Langzeiturlaub. Stress und Frust
sind in diesem Fall vorprogrammiert und all die erlernte Gelassenheit ist
sofort wieder verschwunden. Gleite nach deiner Heimkehr deshalb langsam
und schrittweise wieder ins Alltagsleben hinein.

- Lasse deine Abwesenheitsnotiz einen weiteren Tag lang aktiviert.
- Gönne dir ein schönes Dinner im Restaurant oder bereite selbst etwas
  Leckeres zu.
- Wenn möglich, verlasse das Büro zur gewohnten Zeit.
- Gehe den digitalen Wiedereinstieg langsam an. Am besten, du
  verwendest deine Apps Schritt für Schritt wieder – oder du
  versuchst, sie gar nicht erst zu benutzen.
- Vermeide es, dir in den ersten Tagen nach deiner Rückkehr
  zu viel Arbeit auf die Schultern zu laden.
- Plane eine Reflexions- oder Meditationspause ein.
- Versuche, dir Gedanken über das große Ganze zu machen.
  Was möchtest oder musst du in der kommenden Woche
  unbedingt schaffen? Was ist wichtig?

STELLE DICH DEM E-MAIL-MONSTER

Wenn du den Rat auf Seite 32 befolgt und jedem mitgeteilt hast, dass alle E-Mails, die während deiner Abwesenheit eintreffen, ignoriert werden, dann hast du es leicht. Es bleibt dir bei deiner Rückkehr zur Arbeit nur noch eines zu tun: Die E-Mails zu löschen.

Alle anderen werden eine riesige Menge an Nachrichten zu bearbeiten haben. Um das Gefühl der Überwältigung zu verhindern, musst du dir eine Bewältigungsstrategie überlegen. Du könntest etwa durch die Liste scrollen, die wichtigsten Mails markieren und diese zuerst beantworten. Du könntest aber auch das Gegenteil machen und zuerst alles Unwichtige löschen, um den Umfang zu reduzieren. Oder du nimmst dir vor, nach jeweils zehn bearbeiteten E-Mails eine Pause einzulegen. Stelle nur sicher, dass du einen Plan hast und dass du dich daran hältst.

LASSE DEINE REISE REVUE PASSIEREN

Viel zu oft kehren wir aus dem Urlaub zurück und stürzen uns sofort wieder
in den Alltag. Wenn wir Wochen später unsere Fotos online ablegen, ist die
Reise lediglich eine bereits wieder verflogene Erinnerung. Lasse dir dieses Mal
etwas mehr Raum, um dir über die Erfahrungen, die du gemacht hast, und die
Bedeutung, die sie für dich haben, klar zu werden. Lies in deinem Tagebuch.
Blättere deine Fotos durch und wähle ein paar zum Ausdrucken oder Teilen
aus. Spiele vor dem Schlafengehen alle Erinnerungen vor deinem inneren Auge
ab, um sie für lange Zeit lebendig zu halten.

DANKSAGUNG

Ohne Nick Fauchald, der als Erster die fantastische Idee hatte, und Jessica Flint, die uns großzügiger Weise miteinander bekannt gemacht hat, hätte ich dieses Buch nie geschrieben. Endloser Dank gebührt meiner Großmutter und meiner Mutter, zwei mutigen Reisenden in der Welt und im Leben; Drew, meinem Ehemann und Seelenverwandten; und Jack und Lia. Ich liebe euch mehr als den Mond und die Sterne.

IMPRESSUM

1. Auflage 2018
© Text 2017 Sara Clemence
© Gestaltung: Chris Santone
© Illustrationen: Chris Santone

© 2018 für die deutsche Ausgabe: DuMont Reiseverlag GmbH & Co. KG, Ostfildern
Alle Rechte vorbehalten, alle Angaben ohne Gewähr.

Die englische Originalausgabe ist 2017 unter dem Titel *Away & Aware – A Field Guide to Mindful Travel* bei Dovetail Press, Brooklyn, New York, erschienen.

Übersetzung: Samra Kovacevic und Gabi Scolik
Redaktion und Satz: Print Company, Wien
Covergestaltung: ZERO Werbeagentur, München (unter Verwendung von Motiven von Chris Santone)

Printed in Latvia
ISBN 978-3-7701-8470-5
www.dumontreise.com